AF368558

POR UNA ROMA

CONTIGO O SIN TI

ExLibric

CARLA SANVILA SÁNCHEZ

POR UNA ROMA CONTIGO O SIN TI

EXLIBRIC

ANTEQUERA 2020

POR UNA ROMA CONTIGO O SIN TI
© Carla Sanvila Sánchez
Diseño de portada: Dpto. de Diseño Gráfico Exlibric

Iª edición

© ExLibric, 2020.

Editado por: ExLibric
c/ Cueva de Viera, 2, Local 3
Centro Negocios CADI
29200 Antequera (Málaga)
Teléfono: 952 70 60 04
Fax: 952 84 55 03
Correo electrónico: exlibric@exlibric.com
Internet: www.exlibric.com

Reservados todos los derechos de publicación en cualquier idioma.

Según el Código Penal vigente ninguna parte de este o
cualquier otro libro puede ser reproducida, grabada en alguno
de los sistemas de almacenamiento existentes o transmitida
por cualquier procedimiento, ya sea electrónico, mecánico,
reprográfico, magnético o cualquier otro, sin autorización
previa y por escrito de EXLIBRIC;
su contenido está protegido por la Ley vigente que establece
penas de prisión y/o multas a quienes intencionadamente
reprodujeren o plagiaren, en todo o en parte, una obra literaria,
artística o científica.

ISBN: 978-84-19092-09-0

Nota de la editorial: ExLibric pertenece a Innovación y Cualificación S. L.

CARLA SANVILA SÁNCHEZ

POR UNA ROMA
CONTIGO O SIN TI

ÍNDICE

Prólogo

Todos creíamos haber encontrado el amor de nuestras vidas, o simplemente fantaseábamos despiertos con conocerlo. Tantos sentimientos a flor de piel y esperanzas por encontrar a alguien al que amar, que muchas veces pensamos que al perderlo es un punto final, pero no es así.

Tan solo es un punto y aparte de un capítulo de nuestras vidas, que seguirá escribiéndose sin él. Un canto a la vida y al amor propio, que muchas veces nos falta. Una esperanza viva que no muere con actores secundarios... Porque créeme, eres el protagonista de esta pequeña gran historia.

Un libro más

¿Sabes por qué este libro se llama así?
Porque contigo encontré mi Roma
donde imperaba el amor.
El imperio de tus ojos,
el coliseo de tu sonrisa,
la ciudad santa de tus besos,
un castillo donde mi ángel seas tú…
Pero también
las ruinas por tu pérdida
y el panteón de una vida sin ti.

Roma Amor

¿Roma tiene sentido sin ti?
¿De verdad tiene sentido una ciudad
sin calles, sin luz, sin días, sin gente… sin ti?
Tiene sentido que todos los caminos me lleven hacia Roma,
pero al llegar no te encuentre.
¿De verdad me preguntas esto?
¿De verdad te crees que podría estar ti?

MIS PREGUNTAS

Cuántas veces me habré preguntado a mí misma qué me depara el futuro, pero soy incapaz de dar respuesta a mis preguntas. Tan solo el hecho de formularlas crea en un mí un sentimiento de duda que me destruye por dentro, pero hay una que me mata de curiosidad: ¿algún día llegarás?

IRRACIONAL

Soy de ese tipo de personas
que creen que nunca sucederá.
Que el amor en tiempos de guerra quedó atrás.
Que la vida plena no existe.
Y que tú nunca vendrás.

FALSA AFIRMACIÓN

Siempre he creído en los para siempre y el amor verdadero, pero ahora mismo creo en los hasta nunca y los amores de repuesto.

HUELLAS DACTILARES

Nuestras huellas dactilares no se borran de las vidas que tocamos, pero ¿cuántas veces más necesitas que te toque para hacerme notar? ¿Cuántos suspiros necesitas para que veas que estoy viva?

Mis huellas dactilares recorrerán todos los bordes de tu cuerpo hasta que vengas y me digas que jamás te irás.

Esperaré

Esperaré mil años hasta encontrarte.
Esperaré aunque mis cuentos de hadas
dejen de creer en ti.
Esperaré aunque muera de impaciencia
por tan solo conocerte.
Esperaré aunque solo seas uno más de la lista.
Esperaré aunque no sea un para siempre.
Esperaré aunque la espera duela.
Pero, simplemente, esperaré.

DÍA 1

Te vi y me viste.
Me sonreíste y te miré.
Me hablaste y contesté.
Te acercaste y me acerqué.
Te besé y me besaste.

DÍA 2

No sabía
que tan solo el cielo es el límite,
que por ti movería montañas si fuera necesario,
que por ti lloraría riendo,
que por ti mis caminos se abrirían,
que mi Roma cobraría sentido,
que el amor era así.

DÍA 3

Ahora sé lo que son las mariposas,
los te extraño,
los susurros,
los miedos a perderte,
los te quiero sin causa,
los te espero una vida entera.

DIME

Si me dices que sí, lo dejo todo.
Si me dices que sí, prometo escribir
un te quiero eterno.
Si me dices que sí, nunca volveré a mirar hacia atrás.

QUIERO

Te quiero.
Lo digo con la boca llena
y el corazón lleno de sentimientos.
Lo digo con la voz bien alta,
mentón arriba y ojos bien brillantes.
Lo digo una y otra vez
sin que pierda sentido.
Lo digo porque quiero,
porque puedo y porque te siento.

EL PRIMERO

Fuiste el primero.
No el primer beso, ni el primer polvo mal echado.
Fuiste el primero en llegar a mi corazón.
El primero en besarme como tú lo haces.
El primero en desnudar mis sentimientos,
en hacerme sentir viva.
El primero que me hizo volar con los pies en la tierra.
Y el primero con el que soñar despierta.

PERDÓNAME

Perdóname si no sé explicarme,
si hablo sin sentido,
si soy poco graciosa,
si mis chistes no tienen sentido,
si mi carácter es demasiado fuerte.
Perdóname por no darte todo lo que te mereces
cada uno de los días del resto de nuestras vidas.

Declaración

Llevo horas mirando esta hoja en blanco, pensando en cómo podría decir todo lo que ahora mismo pasa por mi cabeza. Sé que primero debería ordenar todos los sentimientos que noto en mi interior, o centrarme en intentar buscarles sentido, pero soy incapaz de poder hacerlo, y todo porque desde que llegaste olvidé todo lo que conocía y me cambiaste los esquemas.

Parece fácil, pero desde que te vi no le encuentro sentido a mi vida sin ti. Lo sé, suena cursi. Créeme, era de las mujeres invencibles que no creyeron necesitar a nadie nunca, y que eso de los cuentos de hadas no iba conmigo, pero realmente no sabría decirte el porqué. Tan solo quiero estar contigo el resto de mi vida.

No hay día que no piense en ti, en tus ojos verdes sacando a relucir toda su belleza, en tu sonrisa casi perfecta, en esos hoyuelos que se asoman en tus mofletes y que sabes que simplemente me encantan.

Hoy desde lejos tan solo puedo decir que te echo de menos, que echo de menos todos los instantes vividos a tu lado, las ganas locas que tengo de besarte y de estar contigo. Echo de menos notar tus manos sobre mi rostro, el «te prometo que todo va a salir bien» y el abrazo que calienta cualquier invierno gris.

La gran maravilla es poder decir que valoro cada instante a tu lado, aunque ahora solo pueda ser a través de la pantalla. Créeme, no veo el momento de poder estar contigo y que todo termine de una vez. Hoy soy yo la que te promete que todo va a salir bien y, pase lo que pase, juntos somos invencibles.

ANTES DE TI

Lo siento si soy exagerada,
pero antes de conocerte hablaba sin sentido,
caminaba sin rumbo y no sentía
por no sentirme vacía.
Pero desde que te conocí
mis palabras empezaron aparecer
en el diccionario de un te quiero siempre a mi lado.
Mi camino se convirtió en Roma,
donde todos me llevaban hacia ti.
Empecé a sentir cosas,
cosas que nunca pude entender.
Empecé a sentir que tenía corazón
y que este con cada latido
emitía una respuesta adecuada
a cada una de las carencias de una vida sin ti.

TE ENCONTRÉ

No sé cómo, cuándo, dónde, ni por qué,
pero con tan solo mirarte supe que eras tú.
Eras aquel sueño que pensé
que nunca se haría realidad.
Eras aquel con el que quería despertar cada mañana.
Aquel del cual despedirme cada noche
con un te quiero.
Aquel con el que soñar despiertos una vida juntos.
Aquel con el que compartirlo todo,
compartir el último trozo de algo,
aunque tuviera mil ganas de hacerlo yo,
compartir días de lluvia tristes,
compartir mil abrazos desesperados,
con el que compartir un ayer, un hoy y un mañana.

LO SÉ

Sé lo que es amar cuando te miro a los ojos,
cuando te veo despertar cada mañana,
cuando tus manos recorren mi cuerpo,
cuando tus labios se posan en los míos,
cuando tu sonrisa invade mi mundo,
cuando cada noche veo que estás a mi lado,
cuando eres tú, y solo tú.

TE PIENSO

Pienso en ti de noche y de día.
Pienso en ti tarde y temprano.
Pienso en ti ayer y hoy.
Pienso en ti en un futuro sin ti o conmigo.
Pienso en ti soñando despierta.
Pienso en ti después y ahora.
Pienso en ti nunca y siempre.
Pienso en ti del revés y del derecho.
Pienso en ti siempre.

APOCALIPSIS

Mientras el mundo se desmorona,
yo solo tengo miedo de no poder verte,
de que el tiempo se me haga eterno sin ti,
de que los días no pasen sin poder hablar contigo.
Parece una locura,
pero llevo mirando horas el reloj
y la aguja sigue en las malditas doce.
Tan solo espero que esto sea un hasta ahora,
y no un hasta luego eterno,
y que mis ganas de verte le ganen el juego al tiempo.

TENGO MIEDO

Miedo a perderte.
Miedo a un despertar sin ti.
Miedo a que descubras lo mucho que te quiero.
Miedo a que un día decidas que ya no me necesitas.
Miedo a que encuentres a alguien mejor.
Miedo por el simple hecho de no saber
qué hacer con un sin mí sin ti.
Simplemente miedo.

VALIÓ LA PENA

Ha merecido la pena.
Ha merecido la pena correr por tu pelo,
saltar de tu nariz,
cruzar el océano de tus ojos,
surcar el mar de tus labios
hasta poder llegar a ti, y solamente a ti.

SENTIDOS

En este azar entraron en juego todos mis sentidos. Pude saborear tus besos desenfrenados, el jadeo de tu respiración junto a mis oídos pidiendo una y mil veces que no me fuera de tu lado. El olor de las sabanas mojadas tras mil horas juntos. Y pude ver cómo te aferrabas a mí convirtiendo nuestros cuerpos en uno.

Definitivamente no querías irte y yo no quería que te fueras, pero qué dichoso es el destino en este juego del azar: un día estás en mi cama y al otro siento decirte que no podré volver a verte jamás.

MIS PUNTOS CARDINALES

Quiero ser cada uno de tus puntos cardinales,
para no perder el norte,
llegar al este de tu mirada,
al oeste de tus besos
y alcanzar el sur de tu sonrisa.
Porque sin ti mi mundo no tendría un rumbo.
Porque sin ti no encontraría un norte cuerdo,
quizás me perdería al este,
o quizás al oeste de cualquier lugar.

SEAMOS

Seamos el ave,
que vuela libre.
Seamos el firmamento,
para poder contar todas las estrellas.
Seamos mar,
para poder surcar juntos mil momentos.
Seamos lluvia,
para poder estar en cualquier lado,
siempre que sea a tu lado.
Seamos paz,
para poder fundirnos en el uno con el otro.
Seamos guerra en la cama, sin que nos de miedo nada.
Seamos recuerdo,
para poder volver a ellos cuando queramos.
Seamos olvido cuando el mundo entero nos dé igual.
Seamos tiempo,
para poder pararlo cuando estemos juntos.
Seamos lo que seamos,
simplemente seamos.

IMPERFECCIONES

Amo cada una de tus tres mil imperfecciones.
Tu imperfecta forma de llamarme nena,
cuando sabes que lo odio.
Tus bromas sin sentido,
que muchas veces hacen que me enfade.
Tu sonrisa pícara
cuando algo no nos sale bien.
Tus te echo de menos
cuando has quedado con tus amigos
y no hemos podido vernos.
Tus «mañana vamos»,
que se convierten en pasado o el otro.
Tu «deja de llorar»
cuando me pongo sensiblona.
Tus «iremos de viaje»
cuando sé que nunca iremos.
Y el resto de ellas,
pero la verdad, en el fondo,
amo tus imperfecciones, porque sin ellas,
no serías tú.

PODRÍA SER

Podría despertar mañana
y ver que no estás en la cama a mi lado.
Podría coger el teléfono
y escuchar un «me voy».
Podría ir a tu casa
y que me dijeran que te has mudado.
Podría hablarte
y que no me contestaras.
Podría abrir la puerta
y ver las maletas.
Podrías irte con otra chica en cualquier momento,
o simplemente marcharte de mi vida para no volver.
Podría, podría…
Podrían pasar mil cosas,
pero prefiero disfrutar del presente
sin miedo al podría.

POR TI

Por ti subiría mil montañas
sin tener en cuenta mi miedo a las alturas.
Por ti recorrería el mundo entero
sin miedo a no poder volver.
Por ti correría millones de quilómetros
sin miedo a desfallecer.
Por ti cruzaría puentes infinitos
sin miedo a caer
Por ti...

Por ti sería capaz de cualquier cosa
sin miedo a nada.

PASADO, PRESENTE Y FUTURO

Eras un dulce presagio,
un invierno interminable,
un día de lluvia,
un suspiro eterno,
un sueño incompleto,
un mar de incertidumbres.
Pero ahora eres un gran presente,
un camino con salida,
un día soleado,
un sueño cumplido,
un atardecer precioso.
Y serás un camino interminable,
un verano brillante,
un miedo destruido,
un mar en calma,
un futuro maravilloso.

NOSOTROS

Por vivir, por soñar...
Un nosotros que sin ti ya no es nosotros,
y que conmigo sola no lo formará jamás,
un nosotros que sea nuestro y de nadie más.

LLÁMAME

Llámame luna,
si quieres tenerla.
Llámame estrella,
si necesitas luz.
Llámame sol,
si necesitas calor.
Llámame cielo,
si quieres sentirte libre.
Llámame amor,
si necesitas sentirme.
Llámame mi vida,
si quieres una vida junto a mí.
Llámame como quieras,
pero simplemente llámame.

UNA VIDA JUNTOS

Seamos tan solo momento,
y no el pretérito perfecto siempre del verbo acabar,
sino el futuro del verbo comenzar.

BELLEZA

¿Dónde buscas la belleza?
La busco en ti,
en tus enfados,
en tus bromas,
en tus ojos,
en tus sonrisas interminables,
en tus mil y unas razones,
y en las mil y una razones por quedarme aquí,
a tu lado.

GRACIAS, AMOR

Gracias por dejarme ser yo,
la loca de siempre,
aquella mujer tripolar
que llora, ríe y se enfada constantemente;
aquella que hace daño sin querer,
pero sana con más amor;
aquella que te ama del derecho y del revés
sin necesitar un porqué.

SI

Si te elegí y me elegiste, no fue casualidad. Puede que tuviera miedo de enamorarme de ti, y quizás tú también. Pero ya me habían hecho daño y sabía lo que necesitaba. No podía jugármelo todo otra vez a la misma carta. Era un juego demasiado peligroso para caer otra vez. Pero lo hice, y créeme, el premio valió la pena, valió la pena correr todos los riegos.

Te echo de menos

No lo digo por decir.
De verdad,
te echo de menos.
Echo de menos tu mirada
pícara y dulce al mismo tiempo.
Echo de menos tus besos,
esos que me hacen sentirme en casa.
Echo de menos tus caricias
sobre mi piel desnuda o con ropa.
Echo de menos tus te quiero,
porque de otros no los quiero.

MIS NOCHES

Sin ti no puedo dormir.
El reloj resuena en mi cabeza.
Pasan los segundos y los minutos de forma eterna,
pero sin ti no puedo dormir.
Mi cama parece cada vez más grande
y las sábanas ya no huelen a ti.
Te fuiste un lunes temprano,
y ahora, que es domingo,
sigue pareciendo que fue ayer
cuando te vi en la puerta con tus maletas.
Creo que ya soy incapaz
hasta de imaginarte a mi lado,
y eso me duele.
Porque sin ti, definitivamente, no puedo dormir.

EMPECEMOS CON UN BESO

Un beso.
Dicen que todo comienza con un beso.
El roce de dos labios
que se encuentran en la penumbra.
Dos labios que se mueren de ganas por tocarse.
Dos labios que se llaman a gritos en silencio.
Dos labios que no saben encontrar
el momento adecuado para separarse.
Dos labios que se derriten uno junto al otro.
Dos labios que simplemente piden… más besos.

ACABAMOS CON UN BESO

Si todo empieza con un beso,
¿por qué todo termina con un beso?
Quizás no sea el mismo beso.
Este beso esconde miedo, incertidumbre, pena, rabia.
Es un beso amargo que siempre sabe a poco.
Un beso tímido que llora la pérdida.
Un beso que sabe que llega el final.
Y tal y como llegó, dolió.
Y tal y como vino, se fue.

SALTARÉ

Si te vas, te juro que voy a saltar. No es una amenaza, pero prometo hacerlo si veo que te vas. Llámame exagerada, melancólica o, simplemente, loca, pero si te bajas del tren, me tiro en marcha y no habrá vuelta atrás.

SOLO

Tan solo necesito un beso,
una mañana más a tu lado,
un desayuno, una comida y una cena.
Y mientras tanto, podemos ver la televisión,
sin tener noción del tiempo que nos queda,
sin mirar el reloj
o contar los minutos de nuestra partida,
sin miedo a un futuro sin un nosotros.

Te perdí

Todo tenía sentido hasta que te perdí.
Hasta que perdí el valor más preciado,
el tesoro de los siete mares.
Tantos siglos hablando de piratas
que buscaban el rumbo hacia ti,
y yo, que te había encontrado,
en tan solo un segundo te perdí.

DESPUÉS

Después.
Después de besar tus labios,
de sentir tu mano sobre mis mejillas,
después de ti no hubo nadie.
Nadie que supiera llenar tu vacío.
Nadie que me mirara como tú lo hacías.
Nadie que me hiciera sentir tan viva.

RABIA

Ira pasional de un «solo piensas en ti».
De ti, un tú que no quieres de mí.
Un te quiero cargado de rabia
por no decirlo de la forma adecuada,
adecuada o sentida.
Palabras vacías, recuerdos desvanecidos
y sonrisas enterradas
por querer estar contigo y no poder hacer nada.
Rabia.
Una y mil veces más rabia.

PROMESAS INCUMPLIDAS

Me prometiste la luna
y ni siquiera conocí el firmamento.
Me prometiste un te quiero
sin siquiera ser sentido.
Me prometiste tus besos
cuando mis labios ni siquiera sabían sentir.
Me prometiste no lastimarme,
pero ya lo habías hecho sin siquiera saberlo.

Te llamaré

Cojo el teléfono, pero sigues sin llamarme. Ni un mensaje, ni una llamada… Nada. Vuelvo a mirarlo y apenas han pasado cinco minutos desde la última vez. No sé qué hacer, si llamarte o seguir esperando a que lo hagas tú. Sé que dicen que no esperemos nada de nadie, pero no puedo evitar pensar en que te arrepentirás, que volverás. Me armo de valor, te llamo y… nada. Una vez más esperando de ti lo que jamás me diste, ni me darás.

BEBIENDO 64

Mezclo el amor con la bebida.
Ya no sé si bebo por amor o por olvidarte.
Si bebo por no recordar o recordar me mantiene viva.
Pensé que éramos uno, que sin mí tú no podrías vivir,
y que yo sin ti no podría seguir adelante.
Que podría ir a buscarte y volverías conmigo,
pero siendo realista, no lo harás.
Así que, simplemente, seguiré bebiendo
por no ahogarme en la pena, sino en el alcohol.

DOLOR

Hablemos de dolor.
Nostalgia de un pasado inexistente,
de una muerte ahogada en llantos sin futuro aparente.
Nostalgia de un abrazado deseado,
de un recuerdo hechizado y un llanto desenfrenado.
Nostalgia por un beso ardiente
que no dañe la mente y sea paciente.

ME ENGAÑASTE

Y me engañaste una vez más.
Me hiciste sentir especial
cuando tan solo era uno más
de tus peros sin causa,
de tus porqués sin sentido,
de tus holas de repuesto
y de tus jamás volverás.

FALSO

De un falso contigo siempre conmigo,
de un respiro asfixiante
y de un para qué cortante.
Por eso me volví insensible a sentir,
para que no pudieras atacarme
en cualquiera de mis sentidos.

ME DUELE

No me duele como siempre.
Me duele el alma, el corazón
y cada parte de mi cuerpo.
Me duele y no hay cura para este dolor .
Me duele y no sé qué hacer.
Me duele porque, sin un nosotros,
tan solo soy un me duele.

MALDITA COSTUMBRE

Al principio, me acostumbré a acostumbrarme a ti.
Me acostumbré a compartir contigo.
Me acostumbré a quererte, pero no a quererme.
Qué maldita costumbre la de no quererme
tanto como debería.

LÁGRIMAS

Las lágrimas corren por mis mejillas al pensar que ya no estás a mi lado. Pasan por mis labios, anhelando los tuyos; por mi barbilla, esperando que algún día sea capaz de volver a sostenerla en alto; por mi cuello, pensando en las caricias que me dabas y que ya nunca volverán; por mis brazos, que echan de menos abrazarte con fuerza; por mis manos, que no volverán a rozar tu cuerpo; por mi pecho, recordando cada instante de una vida juntos.

Y por mi corazón, que se apaga al saber que te fuiste y no regresarás.

NO OLVIDO

No soy capaz de olvidarte, y eso que no soy precisamente de ese tipo de personas que recuerda cada instante de su vida. Pero contigo todo fue diferente. Es imposible olvidar tu rostro, tu cuerpo, todo tu ser. Porque fuiste, eres y serás mi mejor recuerdo, ese que jamás podré olvidar.

NO PUEDO

Siempre he odiado la conjunción imperfecta
de estas dos palabras,
pero cuando te fuiste,
tuve que incorporarla en el diccionario
de una vida sin ti.
Cuando te fuiste,
mi mente no paraba de repetirlo: no puedo.
No puedo reír.
No puedo caminar.
No puedo bailar.
No puedo llorar.
Simplemente, no puedo.

Cupido

Cupido, me jodiste la vida otra vez. Otra vez todo salió mal. Me prometiste que esta vez iría todo bien, pero, como siempre, me volviste a fallar. Me dejas jodida y sola, llorando como siempre Sé que me lo busqué por confiar en ti, en él o quizás en mí. Vuelvo descalza a la casilla de salida, pero esta vez sin comodines.

Una historia más

Duele si piensas que tu vida fue un engaño,
el teatro de un actor mediocre
que se creía protagonista de su propia historia
cuando tan solo era un títere más.

ME LO DEBO

Me prometí no más dolor,
no más llantos,
no más sentimientos encontrados,
no más excusas,
no más decir adiós sin retorno,
no más sentir.

No volveré

Ni tus bromas ni tus mentiras me harán volver.
Ni las ganas desenfrenadas por volverte a ver.
Ni mi insomnio irremediable desde que te fuiste.
Ni hoy, ni mañana, ni nunca volveré.

REALIDAD 1

¿Sabes qué?
Estoy cansada.
Cansada de luchar por ti,
cansada de ser una más,
cansada de no ser alguien especial,
cansada de tus mentiras y engaños,
de tus quejas sin sentido
y tus dramas a medias.
Estoy cansada.
¿Sabes por qué?
Porque ahora me quiero a mí.

REALIDAD 2

Me quiero,
y no es fácil decir esto.
Soy de ese tipo de chicas
que esperaba al príncipe azul,
aquel que la rescataría de su castillo.
Pero ahora tengo la llave,
soy dueña de mi vida,
de mi presente, mi pasado y mi futuro.
Ni príncipes ni princesas.
Yo y solo yo.

REALIDAD 3

Siempre me han encantado los cuentos de princesas, los príncipes azules y las historias de amor. Pero cada vez me gusta menos la idea de sentirme así. Odio pensar en que no seré nadie sin un hombre a mi lado, sin alguien que me rescate de la rutina de mi vida, que tenga que enamorarme del interior cuando todos miran mi físico antes que mi maravillosa inteligencia.

Odio los zapatitos de cristal —hacedme caso, las deportivas son más cómodas, de verdad—. Odio tener que cantar, porque lo hago fatal. Odio tener que estar siempre guapa, yo también quiero ir sin maquillar y ponerme lo que me apetezca. Odio tener que estar siempre con una sonrisa. Si me apetece estar de mal humor, lo estoy. Odio, odio y odio. Así que, dejémonos de cuentos de hadas y salgamos a destruirlos todos.

ROMA SIN TI

No me imaginaba una Roma sin ti.
Sin tu olor.
Sin tus manos rozando mi piel.
Sin tus te quiero o tus palabras.
Pero ahora sé que sin ti
mis calles están llenas de gente nueva
que me quiere,
me valora
y, sobre todo, me enseña que mi Roma sin ti
suena mejor que Roma contigo.

ESCRIBIR

Escribir me dio las alas para poder contar
todo aquello que pienso y me da miedo.
He de decir que estoy llorando por ti,
que me duele pensar así
y que me hiciste daño por portarte así.
Lo siento, pero aquí no caben remordimientos.
Aquí estamos yo y mis pensamientos.
Aquí soy libre para decir lo que me gusta y lo que no
de ti y de mí,
de los dos
o simplemente de mí.

SIMPLEMENTE NO

Creo en mí.
No necesito de ti.
No necesito que me eches de menos.
No necesito que me digas
lo bonita que estoy por las mañanas.
No necesito que me digas
que me quieres si tú no quieres.
No necesito nada de ti,
ni ahora, ni mañana, ni nunca más.

EL VERDADERO AMOR

Le encontré sentido a mi vida sin ti.
Vi que el amor de mi vida
estaba más cerca de lo que pensaba.
Había malgastado media vida buscándolo
y lo tenía delante de las narices.
Un día abrí la puerta de mi habitación
después de una vida llorándote y lo vi.
Siempre había estado allí
y yo, estúpida como siempre,
no lo había sabido ver.

HERMANO

Una palabra sencilla, fácil de pronunciar, pero con un significado demasiado complejo por explorar. Una palabra ambigua que comporta a su vez una fascinante complejidad, llena de sentimientos y momentos que nunca se podrán olvidar. Hermano no es aquel que tan solo conlleva consanguinidad, es aquel compañero que de forma incansable da sentido a tu propia realidad. Aquel compañero que te hace sentir especial, que te acompaña sin pedir nada a cambio, sin hacerse notar.

Dichoso regalo de la vida que dio sentido a un mundo banal, donde los hombres dejan de ser hombres para ser algo más. Placer esclavo del deseo que nunca halla un final, y nuestros caminos sigan la misma dirección para nunca poder terminar.

Admiración hacia aquel ser que destruye realidades y crea otras con el pretexto de nunca dejar de mejorar. Fiel viajero de una vida juntos; de un pasado, presente y futuro sin miedo a cambios; de un sin ti, siempre conmigo, que solo con la idea de separarnos crea en mí rechazo, por no saber qué hacer con un sin mí sin ti. Aquel trocito de mi corazón que no podrá dejar de sentir, que te quiere por encima del mundo entero. Por una palabra que empezó a cobrar significado el día en que te vi, un instante en el que mi realidad se detuvo, en el que todo empezó a cobrar sentido.

Podría afirmar que en ese sánstante donde mi mundo se detuvo ocurrió algo mágico: dos corazones conectados por una palabra empezaron a cobrar sentido. Por ser el amor de mi vida y dar sentido a una Roma, donde todos los caminos me lleven hacia ti. La palabra con más significado de mi diccionario, por mi casualidad más perfecta y por el instante más preciado de mi vida.

Gracias, hermano, por llenar de luz mis días, por ser mi fiel escudero en una lucha sin fin, pero sobre todo por enseñarme a amar por encima de cualquier realidad.

NO SABES LO QUE SIENTO POR TI

No sabes lo mucho que te quise
desde el primer instante en que te vi.
No sabes las ganas que tenía de besarte,
de tenerte entre mis brazos.
No sabes cómo mis ojos se inundaron de lágrimas
cuando entendí que ibas a ser mío y solo mío.
No sabes todo lo que ya habría dado por ti
en ese instante, porque por ti daría mi vida entera.
Daría cada uno de mis suspiros, cada uno de mis días,
cada uno de mis mayores tesoros,
por no perderte nunca y estar a tu lado
tal y como el primer instante en que te vi.

FIN

Un día me prepuse encontrar Roma.
Me cargué de valor, me vestí y empecé a caminar.
Suponía que ir a Roma sin amor era irreal,
que necesitaba al amor de mi vida para poder llegar,
pero cuando llegué, me di cuenta de la realidad:
Roma tenía sentido, porque si todos los caminos me llevaban
hacia ella,
encontraría por fin a la persona que tanto había buscado: yo.
Porque no hay nadie más importante en mi vida que yo.
Porque si el camino era en línea recta era yo la que decidía
cuando girar.
Así que, por fin, le encontré sentido a que, si Roma al revés
es Amor,
es porque el amor de mi vida siempre seré yo.

Agradecimientos

No puedo concluir sin agradecer este pequeño libro a mi madre, la mujer más luchadora del mundo, la mujer de mi vida. Si este libro habla del amor verdadero, sin duda ella siempre será el mío, porque fue, es y será la persona más importante en mi vida. Aquella que nos hizo a mí y a mi hermano mayores, y a la que le debería mil vidas si tuviera que intentar devolver todo el amor que nos ha dado.

A mi padre, por ser un gran amigo y compañero en este viaje y soportar mis repentinos cambios de humor constantes.

A mi hermano, que siempre será un trocito de mí, aquel espejo donde reflejarse y del que no existen palabras para poder decirle lo orgullosa que estoy de él y que siempre estaré a su lado.

A Iván, por ser el compañero de la que espero sea una vida juntos, pero sobre todo por ser aquella persona en la que siempre podré confiar, el hombro donde llorar, reír y ser simplemente yo, con mis mil y un defectos, que crecen día tras día.

A Carla, por no ser solo mi amiga, sino una segunda hermana, la primera que confió en mí y que me animó a que esto fuera posible. Por devolverle el sentido a la palabra "amistad", de un diccionario obsoleto donde esa palabra ni siquiera existía con sus mil y una virtudes.

Pero no podría acabar sin nombrarlo a él, mi abuelo, mi ejemplo a seguir, el fabulador de las mil y unas historias que compartimos y que por desgracia escribiremos en el más allá.

A mi abuela Antonia y Ramona, a mis tías y a todos mis familiares, a los que no podré enseñar este libro, pero que sin duda sé lo orgullosos que están de esta pequeña obra.

Gracias a todos vosotros por dejarme soñar despierta, por dejarme volar libre y sin ataduras, pero sobre todo por creer que muchas veces los sueños se hacen realidad.

Una y mil veces gracias.

Sobre la autora

Carla Sanvila Sánchez se define como ese tipo de personas que no piensa mucho a la hora de actuar, que no tiene miedo de tropezar con la misma piedra una y doscientas mil veces más. Es demasiado cabezona para apartarla de su camino. Perfeccionista por naturaleza, perseverante y trabajadora, una luchadora innata en esto de soñar despierta y que se muere de ganas por devorar el mundo. Para ella, escribir es una gran liberación, es el momento de reflexión con su propio yo y que le lleva a exagerar cualquier ápice de realidad que suceda a su alrededor.

www.ingramcontent.com/pod-product-compliance
Lightning Source LLC
La Vergne TN
LVHW041735190726
843493LV00008B/2354